EL ÁRBOL SAGRADO

Producido en Colaboración con
Phil Lane, Jr., Judie Bopp, Michael Bopp, Lee Brown

Traducido al Español por
María del Carmen Funcia Galindo y Villa

LOTUS PRESS

Twin Lakes, Wisconsin

Producido en Colaboración con
Phil Lane, Jr., Judie Bopp, Michael Bopp, Lee Brown

Ilustraciones de, Patricia Morris

Traducido al Español por
María del Carmen Funcia Galindo y Villa

Fondos provistos por National Native Alcohol and Drug
Abuse Program of Health and Welfare Canada

Los pedidos de información acerca de esta obra deben
dirigirse a:
Lotus Press, P.O. Box 325, Twin Lakes, WI 53181 USA

Teléfono: (262) 889-8561 (oficina) Fax: (262) 889-2461
Correo electrónico: lotuspress@lotuspress.com

Web: www.lotuspress.com
Edición en Español: ISBN 0-940985-54-3
Número de tarjeta de la Biblioteca del Congreso de los
Estados Unidos: 2002108748

Impreso en USA

EL ÁRBOL SAGRADO

Dedicatoria

Dedicado a los incontables clanes, tribus y naciones de gente indígena a través de quienes la Madre Tierra, cuyas visiones sagradas, sueños, oraciones, cantos, sabiduría, experiencia y guía bondadosa, forman la base y la realidad viviente del Árbol Sagrado.

El proyecto de Four Worlds Development, es el resultado de los esfuerzos y sabiduría de mucha gente. Algunos estuvieron involucrados directamente, otros nos inspiraron a través de su trabajo en educación y en la prevención del abuso del alcohol y las drogas.

La dirección para este proyecto se fijó en una conferencia en Lethbridge Alberta en Diciembre de 1982. Fueron participantes en la conferencia los Nativos ancianos, líderes espirituales y varios profesionales de las diferentes comunidades Nativas en Norte América. Sus contribuciones fueron enmarcadas por su profundo compromiso hacia la gente Nativa y a ellos mismos, experiencia ganada siempre muy duramente. Ofrecemos, para cada uno de ellos nuestro más profundo respeto y aprecio.

Harold Belmont
Mark Belmont
Andy Black Water
Ed Calf Robe
Steve Courchene
Ricki Devlon
Tyrone Eagle Bear
Perry Fontaine
Leonard George
Cindy Ginnish
George Good Striker
Woodrow Good Striker
Ed Heavy Shields
Peter Heffernan
Lionel Kinunwa
Germaine Kinunwa

Bow Lane
Phil Lane, Sr.
John Many Chiefs
Sandy Many Chiefs
Jon Metric
Allan Murray
Wilson Okeymaw
Lee Piper
Doreen Rabit
Chuck Ross
Jerry Saddle Back
Herman Saulis
Frank Sovka
Eric Tootoosis
Mike White
Rose Yellow Feet

Nota Editorial:

En Inglés es imposible referirse a una persona sin usar un pronombre que indique el género o sexo, por ejemplo, él o ella, su, de él o de ella. Puesto que no hay una palabra específica para referirse a una persona cuyo género no se sepa, la mayoría de los escritores han escogido utilizar la forma masculina en estas situaciones.

Esta cuestión de usar la forma masculina cuando se refiere a una de la que no se sepa si es una mujer, ha causado una ausencia conspicua de referirse a las mujeres en la escritura en Inglés.

Por lo tanto todas las grandes ideas y descubrimientos discutidos en la literatura en Inglés se expresan en términos masculinos y el lector constantemente visualiza hombres más que mujeres, como participantes en el mundo. La tendencia de nuestra sociedad de devaluar el rol y las contribuciones de las mujeres sólo se argumenta por su falta de visualizar mujeres en roles activos y creativos.

El Proyecto de Four World Development ha escogido alternar el uso de pronombres femeninos y masculinos cuando la referencia no sea específica. Esta elección en el uso es deliberada para evitar la rareza de la forma compuesta (él / ella, de él o de ella) mientras que al mismo tiempo se reconocen las consecuencias dañinas de ceñirse a una convención que persistentemente fuerza a su audiencia a visualizar el mundo como dominado por hombres y operando en ideas expresadas en términos masculinos.

Tabla de Contenidos

"Entonces estaba yo de pié sobre la montaña más alta de todas y por debajo, alrededor mío, estaba todo el mundo. Y mientras yo estaba ahí parado vi más de lo que puedo decir y entender más de lo que vi, porque estaba yo mirando de manera sagrada las formas de todas las cosas en el espíritu y la forma de todas las formas como ellas deben vivir juntas como un ser. Y yo vi el circulo sagrado de mi gente, ancho como la luz del día y como la luz de una estrella y en el centro crecía un poderoso árbol floreciendo, para cobijar a todos los hijos de una madre y un padre. Y yo vi que era sagrado."

Black Elk

(*Black Elk Habla,* como lo dijo John G. Neihard, Imprenta de la Universidad de Nebraska, Lincoln, 1961.)

I. LA HISTORIA DEL ÁRBOL SAGRADO

Para toda la gente del mundo, el Creador ha planteado un *Árbol Sagrado* bajo el cual pueden reunirse y ahí encontrar sanación, poder, sabiduría y seguridad. Las raíces de éste árbol se esparcen profundamente en el cuerpo de la Madre Tierra. Sus ramas se extienden hacia arriba como manos que rezan al Padre Cielo. Los frutos de este árbol son las cosas buenas que el Creador le ha dado a la gente: Enseñanzas que muestran el sendero del amor, la compasión, la generosidad, la paciencia, la sabiduría, la justicia, el valor, el respeto, la humildad y muchos otros obsequios maravillosos.

Los ancianos nos enseñaron que la vida del Árbol es la vida de la gente. Si la gente vaga lejos de la sombra protectora del Árbol, si olvidan buscar el alimento de sus frutos, o si se vuelven contra el Árbol y atentan destruirlo, grandes penas caerán sobre ellos. Muchos se enfermarán del corazón. La gente perderá su poder, cesarán de tener sueños y de tener visiones. Comenzarán a pelear entre ellos en luchas inútiles. Se volverán incapaces de decir la verdad, de tratar entre ellos honestamente. Olvidarán cómo sobrevivir en su propia tierra.

Sus vidas se llenarán de ira y tristeza. Poco a poco se envenenarán así como todo lo que toquen.

Se predijo que esto sucedería pero que el Árbol jamás moriría. Y mientras el Árbol viva la gente vivirá. También se predijo que llegará el día en que la gente se despertaría de un largo y profundo sueño que comenzaría tímidamente al principio pero luego con gran urgencia a buscar el *Árbol Sagrado*.

El conocimiento de su paradero y de los frutos que adornan sus ramas ha sido celosamente cuidado y preservado en las mentes y corazones de nuestros sabios antepasados y líderes. Estas almas humildes, amantes y dedicadas guiarán a cualquiera que honesta y sinceramente esté buscando el sendero que le guíe a la sombra protectora del *Árbol Sagrado*.

II. CONCEPTOS IMPORTANTES

Símbolos

Los símbolos expresan y representan significado. El significado ayuda a dar el propósito y entendimiento en la vida de los seres humanos. Por lo tanto, vivir sin símbolos, es experimentar la existencia lejos de su significado. Las maneras de expresar y representar el significado incluyen los sistemas simbólicos de las matemáticas, lenguaje hablado y por escrito y las artes.

La Rueda Medicinal

Este es un símbolo muy antiguo usado por casi todos los Nativos del Norte y de América del Sur.

Hay muchas maneras diferentes en las cuales se expresa este concepto básico: Los cuatro abuelos, los cuatro vientos, los cuatro puntos cardinales y muchas otras relaciones que se puedan expresar en juegos de cuatro. Al igual que un espejo puede ser usado para ver cosas que normalmente no son visibles (por ejemplo, detrás nuestro o a la vuelta de una esquina), La Rueda Medicinal puede ser usada para ayudarnos a ver o entender cosas que no podemos ver o entender porque son ideas y no objetos físicos.

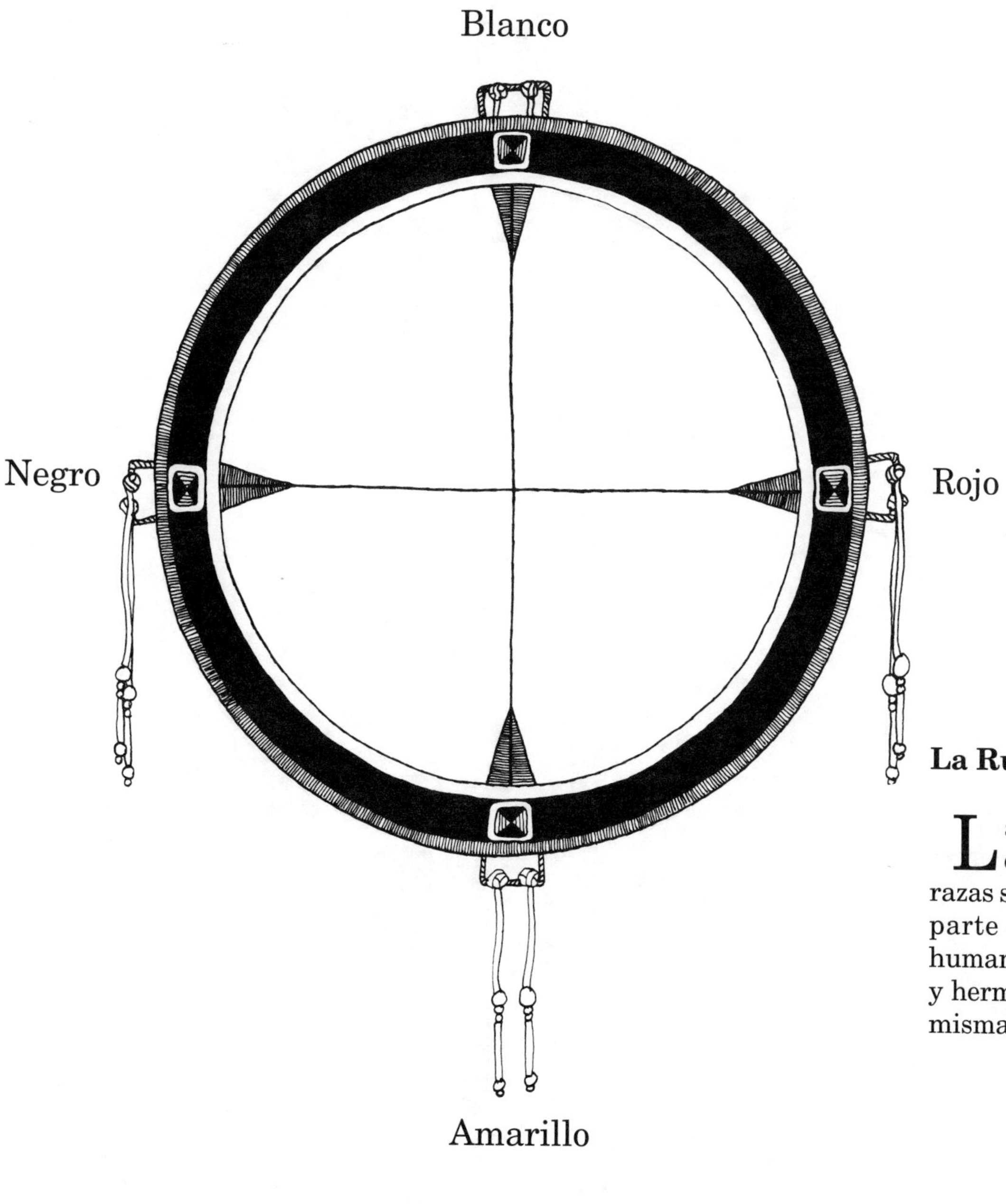

Blanco

Negro

Rojo

Amarillo

La Rueda Medicinal

La Rueda Medicinal nos enseña que las cuatro razas simbólicas todas forman parte de la misma familia humana. Todas son hermanos y hermanas viviendo sobre la misma Madre Tierra.

11

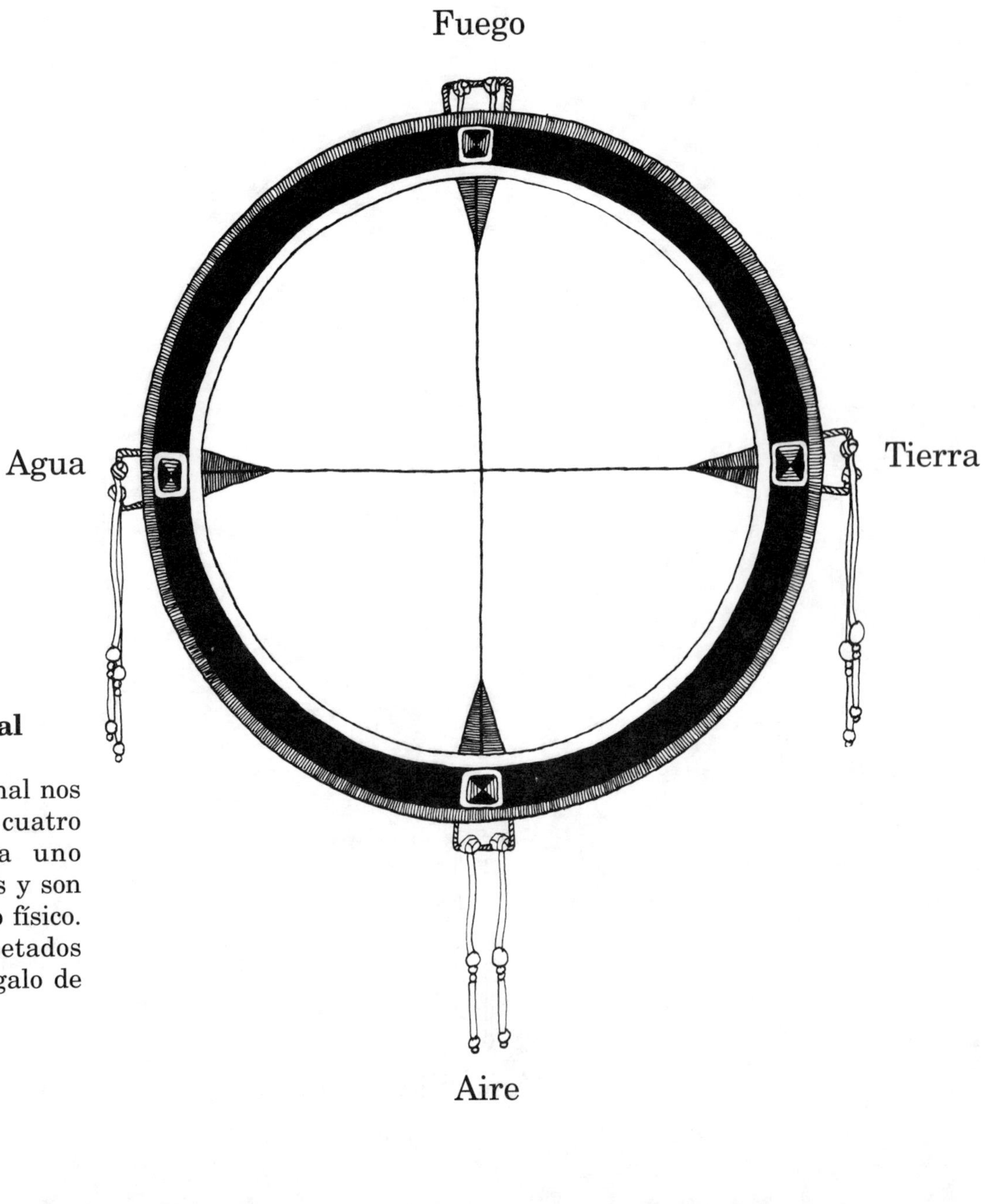

Fuego

Agua

Tierra

La Rueda Medicinal

La Rueda Medicinal nos enseña que los cuatro elementos son cada uno distintivos y poderosos y son todos parte del mundo físico. Todos deben ser respetados igualmente por su regalo de vida.

Aire

Mental

Físico

Espiritual

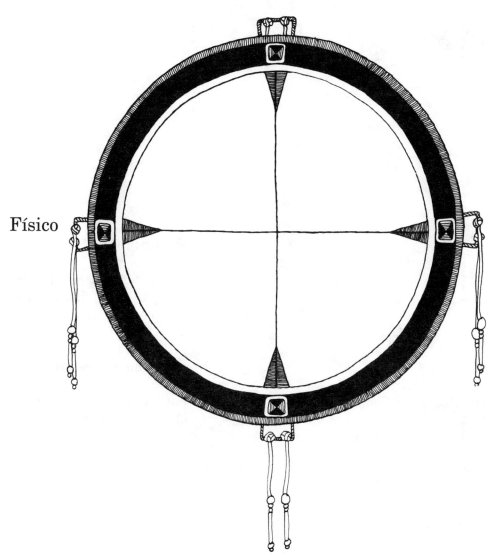

Emocional

La Rueda Medicinal

La Rueda Medicinal nos enseña que tenemos cuatro aspectos con respecto a nuestra naturaleza: El físico, el mental, el emocional y el espiritual. Cada uno de estos aspectos debe ser igualmente desarrollado en un individuo sano, bien balanceado a través del desarrollo y el uso de la voluntad (o sea, el deseo).

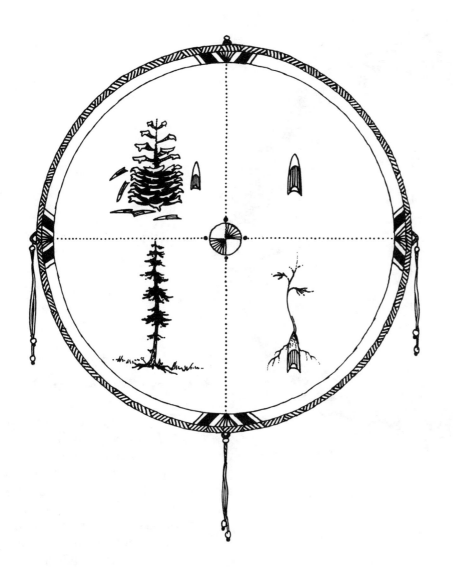

Potencial

Potencialmente la semilla tiene un árbol poderoso dentro de ella. Los cuatro aspectos de nuestra naturaleza (el físico, el mental, el emocional y el espiritual), son como semillas. Tienen el potencial para crecer como obsequios poderosos.

Voluntad

Podemos utilizar nuestra voluntad (o sea nuestro deseo) para ayudarnos a desarrollar los cuatro aspectos de nuestra naturaleza. La voluntad es la fuerza que nos ayuda a hacer decisiones y luego actuar para llevar a cabo esas decisiones. Podemos aprender a ejercitar nuestra voluntad, llevando a cabo cada uno de sus cinco pasos:

1. atención (concentración)
2. fijación de metas
3. entrando en acción
4. perseverancia
5. completar la acción

Puesto que la voluntad es una fuerza primaria para desarrollar todas nuestras potencialidades humanas, se coloca en el centro de La Rueda Medicinal.

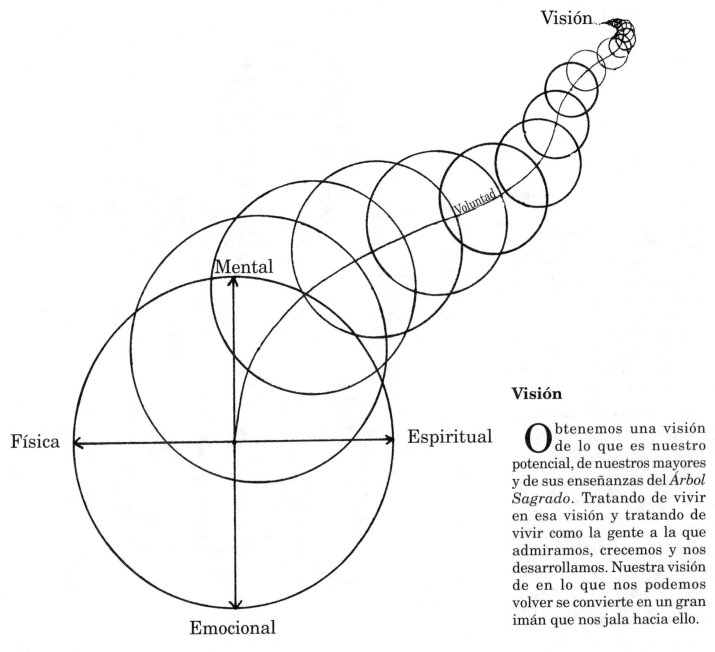

Visión

Mental

Física

Espiritual

Emocional

Voluntad

Visión

Visión

Obtenemos una visión de lo que es nuestro potencial, de nuestros mayores y de sus enseñanzas del *Árbol Sagrado*. Tratando de vivir en esa visión y tratando de vivir como la gente a la que admiramos, crecemos y nos desarrollamos. Nuestra visión de en lo que nos podemos volver se convierte en un gran imán que nos jala hacia ello.

Crecimiento y Cambio

Todos los seres humanos tienen la capacidad de crecer y cambiar. Los cuatro aspectos de nuestra naturaleza (el físico, el mental, el emocional y el espiritual) se pueden desarrollar cuando tengamos la visión de lo que es posible y cuando usemos nuestra voluntad para cambiar nuestras acciones y nuestras actitudes de modo que ellas estén más cerca de nuestra visión de un ser humano feliz y sano.

Identidad

La identidad de una persona consiste de:

El conocimiento del cuerpo: Cómo experimentas tu presencia física.

Auto Concepto: Lo que piensas de ti mismo y de tu potencial.

Auto Estima: Cómo te sientes acerca de ti mismo y de tu habilidad para crecer y cambiar.

Autodeterminación: Tu habilidad para usar tu voluntad (deseo), para actualizar tus potencialidades físicas, mentales, emocionales y espirituales.

Valores

Los valores son la manera como los seres humanos modelan y usan su energía. Si no hay balance entre nuestros valores que nos conciernen y los que conciernen a los otros, no podemos continuar el desarrollo de nuestro verdadero potencial como seres humanos. Verdaderamente si no hay balance, los individuos y las comunidades enteras sufren y aun más, mueren.

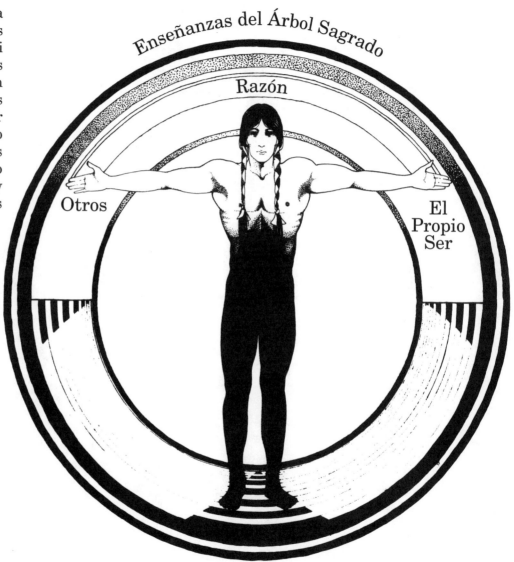

Enseñanzas del Árbol Sagrado

Razón

Otros

El Propio Ser

III. LAS ENSEÑANZAS SIMBÓLICAS DEL ÁRBOL SAGRADO

Introducción

Los símbolos tales como el *Árbol Sagrado*, expresan y representan significado. El significado ayuda a dar un propósito y entendimiento en la vida de los seres humanos. Los símbolos se pueden encontrar en los muros de las primeras cuevas de la existencia humana y nos han guiado hacia los lejanos alcances del espacio en nuestros intentos para comprender el significado de la vida. A través de la experiencia de la conciencia humana los símbolos están eternamente dando a luz a nuevos entendimientos de la esencia de la vida, cómo emerge, siempre elusiva, de la niebla desconocida de la creación. Los símbolos por lo tanto crean un siempre creciente conocimiento del flujo continuo de la vida y le dan significado a cada amanecer y más significado a cada puesta de sol.

El significado es importante para la salud, el bienestar y la totalidad de los individuos y las comunidades. La presencia de símbolos en una comunidad, tanto como vivir de la creencia en estos símbolos, es una medición de la salud y energías presentes en la comunidad. Verdaderamente vivir sin símbolos es experimentar la existencia muy lejos de nuestra capacidad ilimitada como seres humanos. Por tanto cada renacimiento de la vida y el propósito de una gente se acompaña por la revitalización de los símbolos de la gente.

El Símbolo del Árbol Sagrado

El *Árbol Sagrado* como un símbolo otorgador de vida, es de vital importancia para los indígenas de la tierra. Para incontables generaciones éste ha otorgado significado e inspiración para muchas tribus y naciones. El Árbol Sagrado es un símbolo alrededor del cual, vidas, religiones, creencias y naciones han sido organizadas. Es un símbolo de gran profundidad, capaz de otorgar suficiente significado para la reflexión de una vida entera.

El *Árbol Sagrado* representa la vida, ciclos de tiempo, la tierra y el universo. El significado del *Árbol Sagrado* se refleja en las enseñanzas de La Rueda Medicinal. El centro de esta Rueda Medicinal es el centro simbólico de la creación y de la tribu. Este significado se refleja en una canción que se canta en consideración del *Árbol Sagrado*, escogida para la danza del sol.

Estoy de pié
En un camino sagrado
En el centro de la tierra
Contemplado por la gente
Viendo a la tribu
Reunida a mi alrededor. (Lamedeer)

(*El Buscador de Visiones*, por John Fire Lamedeer y Richard Eros, Simon and Schuster, New York, 1972, p. 205.)

Los Cuatro Grandes Significados del Árbol Sagrado

Los significados del *Árbol Sagrado* se pueden organizar en cuatro categorías principales. Estas categorías pueden ser fácilmente visibles en los movimientos en el ciclo del desarrollo humano desde nuestro nacimiento hacia nuestra unidad con la totalidad de la creación. Los cuatro grandes significados del *Árbol Sagrado* son:

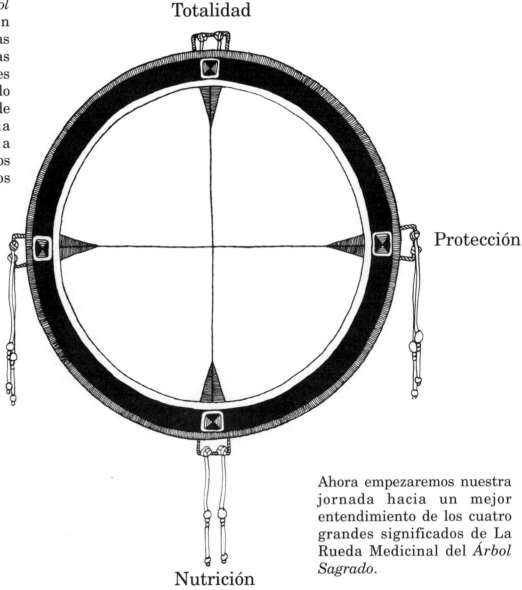

Totalidad

Crecimiento

Protección

Nutrición

Ahora empezaremos nuestra jornada hacia un mejor entendimiento de los cuatro grandes significados de La Rueda Medicinal del *Árbol Sagrado*.

La Protección del Árbol Sagrado

El *Árbol Sagrado* es un símbolo de protección. La sombra del árbol ofrece protección del sol. El árbol es una fuente de material para las casas y hospedajes ceremoniales que otorgan protección física y espiritual. El árbol otorga madera que da protección del frío. La corteza del *Árbol Sagrado* representa la protección del mundo exterior. El *Árbol Sagrado* otorga el material del cual los kayaks y las canoas están hechas. La protección más grande del *Árbol Sagrado* es otorgar un lugar de reunión y el polo central de unidad para la gente.

Simbólicamente el *Árbol Sagrado* representa el lugar de reunión para muchas tribus diferentes y gentes del mundo. El *Árbol Sagrado* otorga un lugar de protección en el mundo, un lugar de paz, contemplación y reunión. Como la matriz de nuestra madre que nos nutre y protege durante los días tempranos de nuestra vida, se puede pensar en el *Árbol Sagrado* como una matriz de protección que da luz a nuestros valores y potencialidades como seres humanos únicos.

El proceso del desarrollo, el ser únicos a través de las enseñanzas del *Árbol Sagrado*, eleva a la visión, no de lo que somos, sino de en lo que nos podemos convertir. Esa visión se vuelve el sendero hacia nuestra totalidad. Por lo tanto, vemos en la protección simbólica del *Árbol Sagrado,* el comienzo de nuestra totalidad y el brote de la semilla de nuestro potencial.

El Alimento del Árbol Sagrado

El segundo significado del *Árbol Sagrado* es el alimento que necesitamos para vivir y crecer. Este alimento se representa simbólicamente por los frutos del árbol. En un nivel, la fruta del *Árbol Sagrado* representa el alimento que una madre da a sus hijos y todo el cuidado que los hijos deben recibir mientras están creciendo.

Un significado más profundo de los frutos es el alimento del entorno humano, físico y espiritual. Estos entornos son frecuentemente representados por la madre. Por lo tanto, la interacción con el árbol y el comer el fruto del árbol, representan simbólicamente nuestra interacción con todos los aspectos de la vida que nutren y sostienen nuestro crecimiento y desarrollo.

Las hojas del *Árbol Sagrado* representan a la gente. Eventualmente las hojas del árbol caen a la tierra y le dan el alimento para la salud continua. Crecimiento y floración futura del *Árbol Sagrado*. Simbólicamente esto representa el paso de las generaciones y las enseñanzas espirituales que dejan detrás para la salud y crecimiento de aquellos que vienen después de ellos. Este significado simbólico del árbol, enfatiza la necesidad de usar la sabiduría acumulada del pasado para nutrir el presente y planear para el futuro. Esta sabiduría se eleva de la experiencia ganada duramente por incontables generaciones y se enseña a través de canciones, danzas, historias, oraciones y ceremonias de la gente. Por lo tanto esta sabiduría provee el alimento para el desarrollo del potencial de cada generación.

Otra enseñanza simbólica de la hoja es el sacrificio. Las hojas se auto inmolan por el futuro del *Árbol Sagrado*. Esto es simbólico de sacrificios ceremoniales que se hacen en beneficio de la vida de la tribu y la salud de la comunidad. Esta enseñanza refleja la creencia que el crecimiento de un ser humano durante su vida es igual a su servicio y sacrificio por otros. Por lo tanto el dar y el sacrificar no solamente dan un servicio positivo para la comunidad, sino también crean un crecimiento más avanzado en el individuo durante su existencia en esta creación.

El Crecimiento del Árbol Sagrado

El tercer significado del *Árbol Sagrado* es el crecimiento. El *Árbol Sagrado* simboliza la importancia de perseguir las experiencias de la vida que otorgan un crecimiento positivo y desarrollado. El *Árbol Sagrado* crece desde su corteza central hacia fuera y hacia arriba. Este crecimiento interior del árbol, simboliza la necesidad que todos los seres humanos tienen de una vida interior. Los seres humanos crecen en las cualidades de los cuatro puntos cardinales, física, mental, emocional y espiritual, como un resultado del reflejo interno y el cambio. Por lo tanto los cambios en un ser humano a menudo ocurren internamente y entonces se manifiestan en la personalidad del individuo. Estos cambios están escondidos de la vista cuando están ocurriendo, justamente como el crecimiento interno del *Árbol Sagrado* que está escondido. Sin embargo, podemos ver el resultado de este crecimiento interno en el exterior del árbol. Así nuestra vida exterior se puede entender como un reflejo del desarrollo de nuestro ser interior. Profundizando y desarrollando las cualidades de las cuatro direcciones dentro de nosotros mismos, crecemos para reflejar estas cualidades espirituales en nuestra vida diaria. Esta es una de las primeras enseñanzas espirituales de La Rueda Medicinal representada simbólicamente en el *Árbol Sagrado*.

Las raíces y las ramas del *Árbol Sagrado* crecen hacia las cuatro direcciones. Esto también representa crecimiento en las cualidades espirituales y las enseñanzas de La Rueda Medicinal. El crecimiento de estas raíces y ramas puede verse también como una representación de estas cualidades reflejada en nuestra vida de trabajo.

El *Árbol Sagrado* nos enseña la importancia de tener un gran respeto por nuestro crecimiento espiritual como seres humanos. El crecimiento interno del *Árbol Sagrado* manda hacia delante sus raíces y ramas, como en una plegaria hacia los cuatro puntos cardinales. Nuestro propio crecimiento interior se manifiesta en nuestra vida diaria y afecta nuestra relación con los cuatro puntos cardinales. Simbólicamente esto representa las cuatro dimensiones de aprendizaje y desarrollo de los cuatro aspectos de la naturaleza humana representada en La Rueda Medicinal.

En otro sentido, el crecimiento del árbol representa ciclos de tiempo y de vida. Los cambios en el *Árbol Sagrado* durante las estaciones cambiantes del año, representan los muchos cambios de nuestra vida mientras crecemos y nos desarrollamos en nuestra relación con la creación, un proceso de toda una vida de convertirnos en nuestro verdadero ser. Este es un proceso eterno que va más allá de la vida misma. El *Árbol Sagrado* está enraizado en la Madre Tierra pero alcanza hacia arriba el universo ilimitado. Este crecimiento simbólico desarrollado a través de la lucha y autodeterminación, siempre está recompensado por el desarrollo de muchos dones nuevos y maravillosos para nosotros y nuestras comunidades.

La Totalidad del Árbol Sagrado

El cuarto significado del *Árbol Sagrado* es la totalidad. Simbólicamente la totalidad del *Árbol Sagrado* es la unidad y el enfoque de las cualidades de los cuatro puntos cardinales en el ser humano. Este significado se refleja en las palabras de Lamedeer con respecto al *Árbol Sagrado*, escogidas para la vara de la danza del sol:

Cuando el árbol finalmente llegó al círculo del campo, un gran grito de gusto se elevó de toda la gente...
La punta de la vara fue decorada con tiras de tela de colores, en cada una de las cuatro esquinas de la tierra. (Lamedeer)

El *Árbol Sagrado* representa al Gran Espíritu como la vara central de la creación, un centro para balancear y entendernos a nosotros mismos como seres humanos. Las enseñanzas del *Árbol Sagrado* proveen una base para organizar nuestros valores y un camino seguro para desarrollar y proteger la totalidad de nuestro ser. Este balance y entendimiento se basa en la unidad de los elementos de la creación traídos a la vida en el árbol. Esta unidad se logra en nosotros mismos entendiendo y balanceando las cualidades de vida opuestas aunque relacionadas en nuestro proceso de crecimiento como seres humanos. Desde un punto de vista, las raíces invisibles en la Madre Tierra, representan los aspectos invisibles de nuestro ser y la parte de arriba del suelo del *Árbol Sagrado*, representa aquellos aspectos que sean visibles. Cuando entendemos y balanceamos estas partes de nuestro ser, el árbol de nuestro crecimiento crecerá rico con frutos abundantes que contienen las semillas de un crecimiento mayor, desarrollo e integridad.

En verdad, comenzamos nuestras vidas con integridad, pero tenemos experiencias como individuos en nuestras familias, tribus y en la sociedad que algunas veces destrozan y fragmentan esta integridad. Si hemos sido heridos, esta integridad se puede restablecer y se eleva el desarrollo a través de los procesos naturales de sanación y las lecciones espirituales contenidas en las enseñanzas del *Árbol Sagrado*.

Conclusión

Comenzamos declarando que el *Árbol Sagrado* otorga suficiente significado para una vida de reflexión. Aquí hemos tocado someramente la superficie del océano de sus significados simbólicos. Aún, podemos comenzar a ver las profundidades de sus significados como si miráramos en la superficie de las aguas de una alberca profunda. Reflejar y actuar conforme a las enseñanzas del *Árbol Sagrado,* es renovar la vida de la humanidad.

Usar este símbolo, es avanzar hacia la integridad prometida en las profecías de este tiempo, un tiempo de purificación y renovación de toda la vida en la creación, un tiempo de unión a través de la protección, sustento, crecimiento e integridad del *Árbol Sagrado.*

IV. LOS PRIMEROS PRINCIPIOS

Lo que sigue es un sumario de algunas de las enseñanzas del *Árbol Sagrado*. Cada una de ellas es una puerta abriéndose hacia un camino. Esto es para que el viajero camine a través de la puerta y comience su viaje.

1.

Integridad. Todas las cosas están interrelacionadas. Todo en el Universo es una parte de un todo. Todo está conectado de algún modo a todo lo demás. Por lo tanto es posible entender algo solamente si podemos entender cómo está conectado a todo lo demás.

28

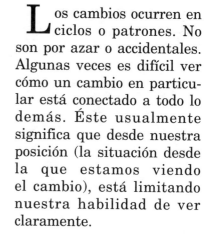

3.

Los cambios ocurren en ciclos o patrones. No son por azar o accidentales. Algunas veces es difícil ver cómo un cambio en particular está conectado a todo lo demás. Éste usualmente significa que desde nuestra posición (la situación desde la que estamos viendo el cambio), está limitando nuestra habilidad de ver claramente.

2.

El cambio. Todo lo de la creación está en un cambio constante. Nada permanece igual excepto la presencia de un ciclo sobre otro ciclo de cambio. Una estación cae sobre la otra. Los seres humanos nacen, viven sus vidas, mueren y entran en el mundo espiritual. Todas las cosas cambian. Hay dos clases de cambio. La unión de las cosas (desarrollo) y la separación de las cosas (desintegración). Ambas clases de cambio son necesarias y están siempre conectadas una a la otra.

4.

Lo visto y lo no visto. El mundo físico es real. El mundo espiritual es real. Estos dos son aspectos de una realidad. Sin embargo, hay leyes separadas que gobiernan cada uno de ellos. La violación de las leyes espirituales puede afectar al mundo espiritual. Una vida equilibrada es la que honra las leyes de ambas dimensiones de realidad.

5.

L os eres humanos son tanto espirituales como físicos.

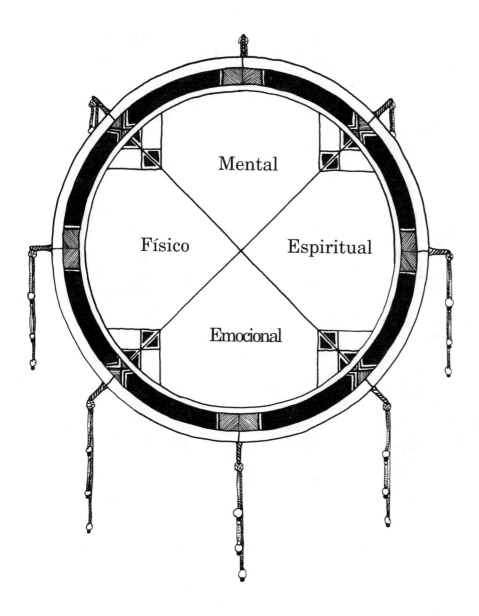

Mental

Físico   Espiritual

Emocional

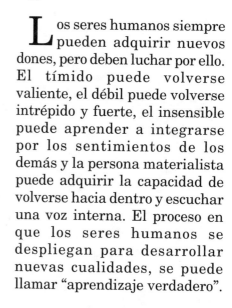

6.

Los seres humanos siempre pueden adquirir nuevos dones, pero deben luchar por ello. El tímido puede volverse valiente, el débil puede volverse intrépido y fuerte, el insensible puede aprender a integrarse por los sentimientos de los demás y la persona materialista puede adquirir la capacidad de volverse hacia dentro y escuchar una voz interna. El proceso en que los seres humanos se despliegan para desarrollar nuevas cualidades, se puede llamar "aprendizaje verdadero".

7.

Hay cuatro dimensiones del "aprendizaje verdadero". Estos cuatro aspectos de la naturaleza de cada persona se reflejan en los cuatro puntos cardinales de La Rueda Medicinal. Estos cuatro aspectos de nuestro ser se desarrollan a través del uso de nuestra voluntad. No se puede decir que una persona ha aprendido de manera total y equilibrada a menos que las cuatro dimensiones de su ser se hayan envuelto en el proceso.

8.

La dimensión espiritual del desarrollo humano se puede entender en términos de cuatro capacidades.

Primero, la capacidad de tener y responder a realidades que existen de manera no material como los sueños, las visiones, los ideales, las enseñanzas espirituales, las metas y las teorías.

Segundo, la capacidad de aceptar aquellas realidades como un reflejo (en la forma de representación simbólica) de potencial desconocido o no logrado para hacer o ser algo más o diferentes de lo que somos ahora.

Tercero, la capacidad para expresar estas realidades no materiales usando símbolos tales como el lenguaje, el arte o las matemáticas.

Cuarto, la capacidad de usar esta expresión simbólica para guiar la acción, futura-acción, dirigida hacia el hacer lo que estaba visto solamente como una posibilidad en una realidad viva.

9.

Los seres humanos deben ser participantes activos en el desdoblamiento de sus propias potencialidades.

10.

La puerta a través de lo que todo debe pasar si ellos desean volverse más o diferentes de lo que son ahora, es la puerta de la voluntad (volición). Una persona debe decidir hacer el viaje. El sendero tiene infinita paciencia. Siempre estará ahí para aquellos que decidan viajarlo.

11.

Cualquiera que emprende (hace un compromiso y por lo tanto actúa bajo ese compromiso) un viaje de auto desarrollo, será ayudado. Habrá guías y maestros que aparecerán y protectores espirituales que vigilarán al viajero. No se le dará prueba en la que el viajero no tenga ya la fuerza para hacerle frente.

12.

La única fuente de fallo en un viaje será la propia falla del viajero para seguir las enseñanzas del *Árbol Sagrado*.

V. LOS DONES DE LAS CUATRO DIRECCIONES

Introducción

La Rueda Medicinal

L a Rueda Medicinal es un símbolo antiguo y poderoso del universo. Es un maestro silencioso de las realidades de las cosas. Muestra las muchas maneras en las que las cosas están interconectadas. Más allá de eso muestra no solamente cosas que son, sino también cosas que pueden ser.

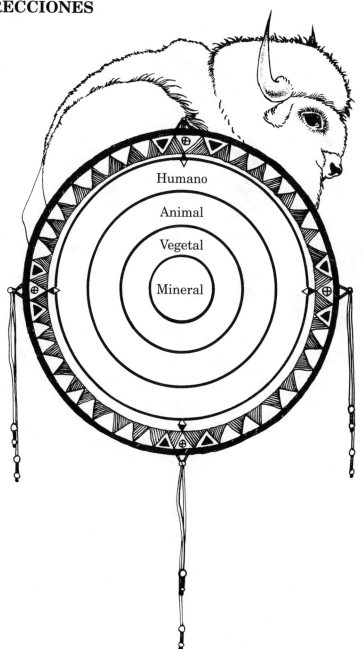

Humano

Animal

Vegetal

Mineral

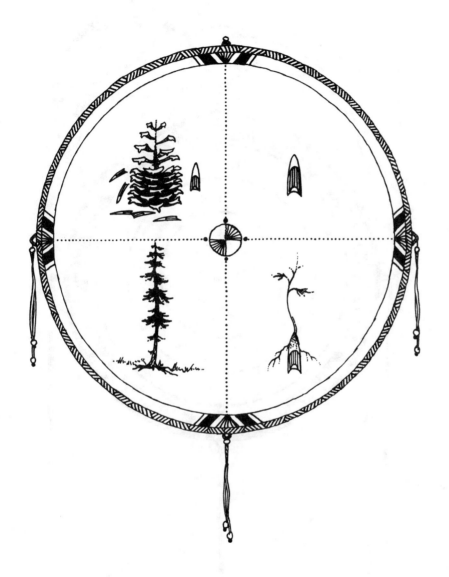

Cuando La Rueda Medicinal se usa como un espejo por seres humanos sinceros, muestra que dentro de ellos se esconden muchos dones maravillosos que aún no se han desarrollado. Pues La Rueda Medicinal nos puede mostrar no sólo como somos ahora, sino cómo podemos ser si fuéramos a desarrollar los dones potenciales que el Creador ha depositado dentro de nosotros.

Muchas de estas potencialidades escondidas pueden jamás, no ser desarrolladas si de alguna manera no las descubrimos y nutrimos, pues como los grandes maestros espirituales han enseñado, todos los dones que una persona posee potencialmente, son como frutos escondidos dentro de un árbol.

El árbol puede ser cortado en mil pedazos sin encontrar nuevos frutos, sin embargo cuando las condiciones son propicias para su crecimiento (luz del sol tibio, lluvia, tierra nutriente), el árbol desarrollará el fruto en toda su lujuriosa belleza.

Los seres humanos crean muchas de las condiciones necesarias para el desarrollo de su propio potencial. Ellos hacen esto a través del funcionamiento de su voluntad. Ellos deciden hacerlo.

A menos que una persona decida y actúe para proveer las condiciones necesarias para el desarrollo de cualidades escondidas (por ejemplo, dones tales como el valor, la fuerza de voluntad, el pensamiento claro o una apreciación de la belleza), estos dones permanecen como la fruta escondida dentro del árbol.

No se puede decir que los frutos que no han aparecido aun en el árbol son una realidad y sin embargo de nuevo no se puede decir que el fruto no tiene realidad, porque existe potencialmente. Es un poder espiritual maravilloso dado a los seres humanos por el creador, el poder ser capaces de ver el potencial como otra dimensión de la realidad y entonces decidir y actuar para comprender el potencial.

La Rueda Medicinal se puede usar como un modelo en el que los seres humanos se pueden convertir si decidieran y actuaran para desarrollar su potencial total. Cada persona que mira en La Rueda Medicinal profundamente, verá cosas de un modo ligeramente diferente. Es por lo que El Creador ha hecho a cada uno de nosotros ser un ser humano único y dado a cada uno de nosotros una combinación especial de dones para usarse para el desarrollo propio y para servir a otros.

Nunca dos personas verán exactamente las mismas cosas cuando miren profundamente en el espejo de La Rueda Medicinal.

Sin embargo quien mire hondamente verá el árbol de sus vidas únicas con sus raíces enterradas profundo en la tierra de las verdades universales.

Porque muchas tribus y gentes han usado La Rueda Medicinal para verse ellos mismos, hay muchas maneras diferentes de explicar esas verdades universales que los seres humanos comparten en común.

En nuestra presentación de La Rueda Medicinal en las páginas siguientes, hemos asignado ciertas cualidades (o dones) a cada dirección.

También escogimos ciertos animales u otros aspectos de la naturaleza para representar cualidades o dones y lecciones.

Aun así, algunas tribus atribuirán diferentes cualidades a cada uno de los puntos en el círculo o a diferentes animales de lo que nosotros hemos atribuido, las enseñanzas que dicen cuales cualidades hacen la imagen total de un ser humano completo son sin embargo universales. Todas las representaciones enseñan que los seres humanos tienen aspectos de su ser:

1. físico
2. mental
3. emocional
4. espiritual
5. volitivo (deseo)

Todas las representaciones muestran que los varios dones del *Árbol Sagrado* se equilibran uno al otro. Nuestra manera de mostrar esto es un modo de mostrar algo que realmente es universal, y como tal se puede mostrar de muchas maneras.

A menudo la gente utiliza animales para simbolizar ciertas cualidades. Por ejemplo algunas han usado águilas para simbolizar valor, otros han usado osos hembra o el glotón para simbolizar la misma cosa. Podemos decir que el glotón es "un maestro" de valor. Por ello queremos decir que cuando consideramos las cualidades que posee nuestro hermano el glotón, podemos aprender algo del valor del ser humano. Muchas culturas a través de la Madre Tierra usan maestros simbólicos similares en sus historias y lecciones.

La razón por la que se usan varios aspectos de la naturaleza como símbolos, es porque muchas de las cualidades humanas reflejadas en La Rueda Medicinal son difíciles de entender sin un ejemplo vivo. Escogiendo ejemplos del mundo que los rodea, la gente es capaz de mirar en la naturaleza del don que buscan adquirir. Como cada persona utilice la rueda, descubrirá símbolos (algunos animales, otros no) que les hablan profunda y personalmente. Es importante que te sientas libre para usar tus propios símbolos como los vayas descubriendo.

Viajemos ahora juntos alrededor de La Rueda Medicinal. Lo que verás si miras profundamente dentro de tu propio ser usando La Rueda Medicinal como espejo, es una imagen de tus fortalezas y debilidades, y una visión de en lo que te puedes convertir si comprometieras tu vida en el viaje (simbólico) de La Rueda Medicinal, que es realmente el viaje del auténtico desarrollo humano.

Viajaremos alrededor de la rueda como el sol viaja al rededor de la tierra, del este al oeste.

Permitiremos a las cuatro direcciones representar ciertas partes de una persona desarrollándose completamente. No podemos decir completamente desarrollado como si así fuera por todos lados, porque el potencial humano es infinito. El desarrollo humano jamás se detiene.

41

Mientras consideras los dones de las cuatro direcciones, te puedes sentir atraído mas a una que a las otras. Esto puede ser por el juego de dones únicos que el Creador te ha dado especialmente a ti para llevar a cabo tu destino propio y único.

Puede ser también porque nuestra sociedad enfatiza ciertas capacidades como mejores o mas deseables que otras.

Por ejemplo, a los hombres en muchas sociedades se les enseña que deben ser rudos, intrépidos, tenaces y en ultimo caso, duros.

La humildad, la gentileza, la cortesía y un corazón amante se consideran cualidades "femeninas" y en algunos grupos, motivo de burla cuando estas cualidades se muestran en un hombre.

Aún así, La Rueda Medicinal nos enseña que el valor debe ser equilibrado por la sabiduría, la rudeza por la gentileza de corazón o la perseverancia y la tenacidad por la flexibilidad. Una persona que no logre estos balances en su vida no sera capaz de desarrollar su potencial total como humano. Esta es una de las grandes lecciones de La Rueda Medicinal.

Mientras viajamos alrededor de La Rueda Medicinal, refléjate en tus propias cualidades y dones. Ciertamente el valor fundamental de ésta herramienta (La Rueda Medicinal) es una manera de medir nuestro propio progreso y desarrollo y un medio para tasar lo siguiente que debemos trabajar en nuestro viaje a través de la vida.

Se necesita una advertencia final. Es peligroso clasificarte como una "persona del norte" o una "persona del este". Con el objeto de utilizar la rueda correctamente, debes visualizarte en el centro de la rueda, conectado igualmente a todos los puntos por medio del poder de tu voluntad.

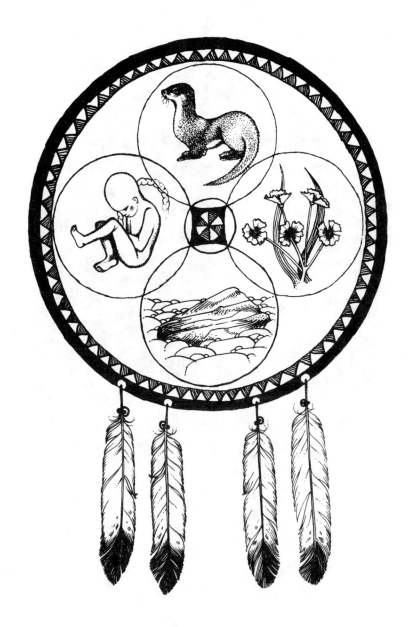

Nuestro viaje alrededor de la rueda es simbólico.

Lo que realmente estamos usando son los patrones que se encuentran en la naturaleza, tales como el cambio en las estaciones, para entendernos a nosotros mismos. Podemos hacer esto porque el universo en todo su esplendor y complejidad, se refleja dentro de nuestro propio ser.

La Rueda Medicinal es una herramienta simbólica que nos ayuda a ver la interconexión de nuestro ser con el resto de la creación.

A. Los Dones del Oriente

El Oriente es el punto de donde el nuevo día viene al mundo. Es el punto de renovación. Es el lugar de la inocencia, de la franqueza, la espontaneidad, el gozo y la capacidad de creer en lo no visto.

Cuando viajamos al Oriente seremos probados con lecciones que nos enseñarán muchas cosas. Allí aprenderemos la calidez de espíritu, la pureza, la confianza, la esperanza y la aceptación sin críticas hacia otros. Aprenderemos a amar como ama un niño; un amor que no interroga a otros y que no se conoce a él mismo. Aquí nace el valor y comienza la honradez.

El Oriente es el lugar de todos los comienzos. El ser humano debe regresar muchas veces al Oriente en el curso del viaje de su vida. Cada vez habrá nuevas cosas que aprender en un nuevo nivel de entendimiento.

La capacidad para vigilar y salvaguardar el bienestar de otros es un don importante, y uno de los que se aprenden con gran dificultad. Porque una cosa es ver la situación en la que otros están, pero es otra muy distinta el que nos importe suficiente para desear ayudarles y aun otra, saber qué hacer.

En el Oriente de La Rueda Medicinal, un buen guía aprende a ver las cosas del modo como se conectan a todas las otras cosas, para ser confiado, para tener esperanza por la gente y para confiar en su visión. Pero hasta que se haga el viaje al Sur de la rueda (el lugar del corazón) para allí aprender de sacrificio, la sensibilidad a los sentimientos de los otros, del amor que no espera nada a cambio; y hasta que no se haga el viaje a Occidente para aprender del propósito único de cada quien, para aprender como usar el poder correctamente, para aprender lo que el Creador le pedirá como guía, uno no puede en verdad guiar a la gente. Y hasta que uno viaje al Norte, para aprender como servir y guiar a la gente con sabiduría, uno no puede guiar a otros. No será hasta que viajemos del Oriente al Norte lejano de La Rueda Medicinal, al lugar de la sabiduría, que nos daremos cuenta que dentro de cada uno de nosotros esta escondido el potencial para guiar a otros en una parte de su viaje de los cuatro puntos cardinales.

No solamente es el Oriente la dirección de nacimiento y renacimiento, también es la dirección de la iluminación. Es la dirección de la que la luz viene al mundo. Por lo tanto es la dirección de la guía y del gobierno.

Aquí los dones del hablar hermoso y claro se obtienen y ayudan a otros a entender, también se aprende la habilidad para ver claramente a través de situaciones complejas y en periodos largos. Como el águila, el guía de la gente a menudo debe viajar solo. El águila vuela alto sobre el mundo. Vigila los movimientos de las criaturas y conoce el escondite de aun la mas pequeña de ellas.

Aprendiendo a Estar en el Aqui y Ahora

Es en el Oriente de La Rueda Medicinal que todos los viajes comienzan. Cuando un sendero es nuevo, ocupa totalmente nuestra atención. Nuestra visión se enfoca en los pocos próximos pasos. Uno de los dones mas importantes a adquirir en el Oriente, es la capacidad de enfocar nuestra atención en los sucesos del momento actual. Como niños (el Oriente también es la dirección de la niñez), supimos instintivamente cómo hacer esto. Cuando contemplábamos de niños una hermosa mariposa o examinábamos cualquier otro aspecto interesante del mundo, estábamos totalmente absortos en lo que estábamos haciendo. Éramos capaces de sumergir nuestra atención total en la mariposa, el trozo de tierra o aquel juguete. El animal que muchos han usado para simbolizar ésta capacidad es el ratón. Nuestra pequeña hermana ratón hace lo que hace con la totalidad de su pequeño ser.

Mucha gente no puede hacer esto. Siempre están viendo hacia el futuro, o hacia el pasado, pero rara vez hacia la actividad del momento presente. Es la capacidad de estar completamente en el presente lo que hace que una persona lleve a cabo sus tareas físicas que requieren del estado alerta de todos los sentidos y el entregarnos totalmente a lo que estamos haciendo. Los ejemplos pueden incluir el lograr la excelencia en la caza o en las artesanías tales como el trabajo de cuentas finas, costura o el tallado en madera, en las artes de la sanación, en los deportes de competencia o en tocar un instrumento musical. Todos requieren de la inmersión total de la persona en la actividad que se emprende. Este es el don especial de nuestra pequeña hermana ratón. El aprender a hacer esto es el primer paso en el desarrollo de la volición (el poder de la voluntad del ser humano).

Pero como el ratón que es cazado por el búho sin darse cuenta porque está tan absorta en juntar semillas que se olvida del peligro en el que se encuentra, una persona que ha aprendido esta cualidad en el Oriente, debe también aprender a escuchar los signos de atención internos que rugen como truenos o relampagueo de luces dentro de nosotros (una lección del Occidente) y debe tener la previsión (una lección del Norte) ver el panorama completo (otra lección del Oriente) con el objeto de asegurar su propia felicidad y bienestar.

Una persona que es demasiado orgullosa o insensible hacia otros (un don del Sur) o que no se ha parado en el Occidente de La Rueda Medicinal y visto hacia el Oriente para ver cuan vulnerable es realmente nuestra pequeña hermana ratón; puede muy bien estar demasiado llena de un falso sentido de su propia grandeza para poder ser de ayuda para la gente.

No es accidente que (desde un punto de vista simbolice) una de las mas humildes criaturas (el ratón) y otra de nobleza (el águila) sean los maestros gemelos del Occidente. Pues la grandeza de espíritu y la humildad son lados opuestos de la misma realidad. La esencia de dirección es el servicio a la gente.

Realmente la esencia de lo que es ser un ser humano se encuentra en el servicio a otros. Esta es la mas grande de las lecciones de La Rueda Medicinal. En una vida, la mayoría de la gente debe viajar muchas veces al Oriente para aprender esta lección.

Tomaría mas de mil vidas para contar de todos los dones del Oriente, o de cualquiera de los puntos de dirección de La Rueda Medicinal. El caballo que lleva al viajero en su jornada de búsqueda de los dones de las cuatro direcciones se llama Paciencia. Sin él, el viajero no podría continuar el viaje. Ahora sigamos nuestro tránsito simbólico alrededor de La Rueda Medicinal.

B. Los Dones del Sur

El Sur es la dirección del sol en su punto mas alto. Es el lugar del verano, de la plenitud, de la juventud, de la fuerza física y del vigor. Es también la época en la que la gente trabaja para prepararse para los meses de otoño e invierno. Por lo tanto, simbólicamente es un tiempo para prepararse para el futuro, para estar listo para los días por venir.

El Sur es también el lugar del corazón, de la generosidad, de la sensibilidad a los sentimientos de otros, de la lealtad, de las pasiones nobles y del amor.

Pero el amor aprendido en el Sur no es el amor incondicional para toda la creación que el corazón puro de un niño siente. Ni es el amor desapegado por la gente que nuestra hermana el águila, en su vuelo solitario por el mundo, debe aprender viajando al Occidente.

El amor que se aprende en el Sur es el amor de una persona por otra. Como anhelamos estar con quien amamos. y como es fácil, por ese anhelo, cambiar a un deseo de poseer y controlar a esa persona para tenerla sólo para nosotros. Podemos recordar ésta lección por el símbolo de un hermoso arbusto de rosas, fragantes, delicadas y tan invitadoras a los sentidos y al tacto. Y sin embargo, escondidas bajo sus suaves hojas verdes hay espinas punzantes que rasgarían la piel de cualquiera que osara tomar su belleza y tratar de poseerla para sí mismo.

La dirección del sur de la ruede medicinal es también el gran lugar de prueba para el cuerpo físico. Allí debemos aprender a disciplinar nuestros cuerpos como entrenaríamos y disciplinaríamos a un maravilloso corcel de modo que respondiera a cualquiera de nuestras órdenes para que nunca atentara dirigir nuestro viaje.

Mucha gente se comporta como si estuvieran controlados por sus cuerpos. No pueden separar lo que sus cuerpos quieren (cierta comida, bebida, satisfacción sexual, sueño, etc.) de lo que es bueno y verdadero. Ejercitar esta clase de disciplina requiere determinación (un aspecto de volición, o sea, la voluntad) para cumplir nuestros propósitos y lograr nuestros objetivos. La habilidad para escoger metas y decidirnos a perseguirlas es el segundo paso en el desarrollo de la voluntad humana.

Los sentidos tales como la vista, el oído, el tacto y el gusto son los dones del cuerpo que pueden entrenarse y desarrollarse para servir a la persona íntegra.

En el Sur el viajero también adquiere los dones de la musica, la gracia de movimiento, la apreciación de las artes y los poderes de la discriminación en la vista, el oído y el gusto. Un símbolo que se puede utilizar para representar la excelencia y la agudeza sensorial es el cougar. Pero el cougar es solamente uno de los maestros simbólicos del Sur. La concentración enfocada aprendida en el Oriente, de nuestra pequeña hermana ratón, se convierte en el Sur, en una implicación apasionada con el mundo. En el Sur el viajero aprende el idealismo que hacen posibles todas las grandes causas. El idealismo es una respuesta del corazón a la belleza o fealdad en el mundo que nos rodea. No está necesariamente enraizada en profundo conocimiento espiritual (una lección por aprender en la dirección Norte de La Rueda Medicinal). Es esencialmente una atracción emocional hacia lo que es bueno o una repulsión emocional por lo que es malo ó dañino.

El desarrollo de las capacidades emocionales por el amor, la lealtad, la generosidad, la compasión y la bondad por un lado, y nuestra capacidad para disgustarnos ante la injusticia y tener repulsión por la violencia sin sentido, son lecciones importantes para aprender en el Sur.

Nuestros sentimientos (tales como el enojo, el miedo, el amor) no nos "pasan" como una roca arrojada sobre nuestras cabezas. La frase popular "estar enamorado", muestra que mucha gente cree que el amor les sucede. Sin embargo los maestros sabios y nuestros mayores saben que el sentimiento puede percibirse y controlarse por un acto de nuestra voluntad. Por lo tanto, los sentimientos se pueden refinar, evaluar y desarrollar.

Justamente como se puede entrenar al cuerpo y desarrollarlo por medio del ejercicio de la voluntad, del mismo modo se pueden disciplinar nuestros sentimientos. Por ejemplo, la gente que vuela a la ira sin control porque se le ha negado algo que quería, no ha aprendido a disciplinar los poderes de la emoción. Y la gente que está tan sobrecogida por la excitación o el miedo en una emergencia, que son incapaces de actuar para ayudarse ni ayudar a otros, no han, del mismo modo, aprendido a disciplinar sus sentimientos.

Por otro lado, guardar sentimientos de dolor o enojo sin ser capaces de dejarlos ir, puede ser extremadamente dañino a nuestro bienestar físico, mental y espiritual. Hay momentos en los que las lagrimas de pesar caen del Padre Cielo a la Madre Tierra de modo que toda la creación aprenda a llorar. Pues hasta que los sentimientos de ira, resentimiento y dolor que la gente ha metido dentro de ellos, se libere y entienda, esos sentimientos continuarán bloqueando la inteligencia y congelando la capacidad del amor genuino y la calidez de muchos seres humanos.

El don mas difícil y valioso que se debe buscar en el Sur de La Rueda Medicinal es la capacidad para expresar sentimientos abierta y libremente de manera que no hieran a otros seres.

El valor práctico de esto es que entonces tendremos la habilidad para hacer a un lado nuestros sentimientos de ira dolor o pesar con objeto de aconsejar o de ayudar de alguna manera a otra gente. También seremos capaces de liberar apropiadamente nuestros sentimientos de dolor que nos alejan de ser un ser humano de pensamiento claro y efectivo.

El símbolo de ésta lección vital es el árbol del sauce rojo, el otro gran maestro del Sur. El sauce rojo es ambos, el más fuerte y el mas flexible en el bosque. Puede sobrevivir a la inundación, al fuego, al invierno severo y a la sequía. Siempre cede ante las fuerzas que destruirían a los otros árboles, pero siempre brota de nuevo. La lección de nuestro hermano sauce puede recordarse siempre por medio de la bella música de los silbatos y flautas que hacemos de sus ramas.

Continuemos ahora nuestro viaje simbólico alrededor de La Rueda Medicinal, pues aun hay mucho que aprender.

C. Los Dones del Occidente

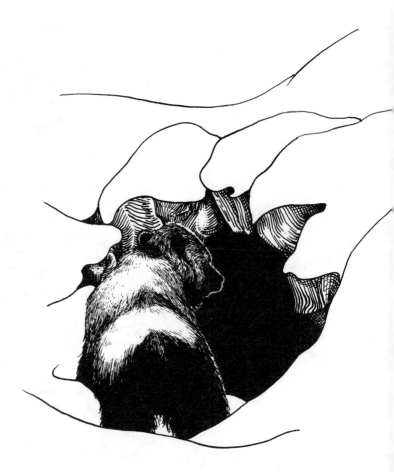

El occidente es la dirección de la que viene la oscuridad. Es la dirección de lo desconocido, del ir hacia dentro, de los sueños, de la plegaria y de la meditación.

Mientras más cerca se precipite uno hacia la meta, mas difícil se vuelve el viaje. La capacidad para adherirse a un reto aunque éste sea muy duro y aun difícil, es una lección difícil que se debe aprender en el Occidente. De hecho, es la tercera gran lección en el desarrollo de nuestra voluntad.

Porque el trueno y el relámpago a menudo vienen de ahí, el occidente es también la dirección (simbólicamente) del poder. En muchas tradiciones el occidente es en donde los Seres Trueno viven. Estos son los portadores del poder. Poder para sanar. Poder para proteger y defender. Poder para ver y para saber. Aquí el viajero debe aprender a manejar el poder de modo que esté en armonía con las enseñanzas universales del *Árbol Sagrado*.

Dos maestros del Occidente (simbólicamente) son el oso negro y la tortuga. Una persona que haya viajado al Occidente y recibido dones que la aguardan allí deberá, como el oso negro, poseer grandes fuerzas. Pero la fuente de aquella fuerza vendrá del interior profundo de la persona. Como el oso que se retira a la oscuridad, lugar privado de cara a la frialdad del invierno, una persona que ha aprendido las lecciones del Occidente, equilibra la lealtad apasionada del sur con el profundo conocimiento espiritual interior. Este se gana silenciando el clamor del mundo y por ir a rezar a solas y a ser probado.

Una de las guías en éste viaje interior puede (simbólicamente) ilustrarse como la tortuga, que no solo enseña la introspección, sino que también garantiza el don de la perseverancia a aquellos que aprenden estos caminos.

Viajando al centro de nuestro ser, es posible para una persona, el experimentar directamente la conexión entre el espíritu humano y el resto del universo y entre el espíritu humano y el creador. Esta experiencia es el regalo de la oración.

Para entrar al lugar de aprender y probar muy dentro de nosotros se requiere de un gran esfuerzo diario. Cada mañana al levantarse y cada noche antes de dormir, los mayores nos han enseñado que debemos encontrarnos con el Creador a solas. Una manera de hacer esto es instalar una habitación aparte, en nuestra casa o parte de una de ellas, o algún otro lugar en especial y usar ese lugar cada día para la oración, la meditación y las reflexiones personales profundas.

Objetos Sagrados

Mucha gente colecciona objetos en su viaje que tienen significado especial para ella. Para algunos pueden ser un cierto libro o fotografía. Para otros, pueden ser cosas de la naturaleza tales como una pluma, una piedrita o alguna hierba en especial. Estas cosas usualmente simbolizan, para el que las posee, aspectos del viaje espiritual de esa persona a través de la vida. El contacto con esos objetos especiales puede tener el efecto (para aquellos que entienden su uso) de elevar la conciencia de la persona acerca del significado profundo espiritual de las cosas ordinarias de la vida diaria.

Cuando la gente entiende que no son los objetos por ellos mismos los que son la fuente de poder, sino los profundos significados que éstos objetos tienen para la persona que los usa, entonces el uso de objetos sagrados puede ayudar grandemente a que la persona se enfoque para la oración y la meditación.

Sin Tiempo Para la Vida Interior

Si la gente no encuentra en sus vidas tiempo para rezar o meditar, para reflexionar profundamente en el por qué han sido creados y lo que deben hacer con sus vidas y para escuchar con todo su ser la guía del universo, entonces esa gente es como el pájaro que aun no ha aprendido a volar. Todas las partes del pájaro están presentes pero aún falta algo. El ser una persona completa es estar vivo de manera física, emocional, mental y espiritual.

Signos de Vacío Espiritual

Una señal de que se necesita mucho trabajo en el área de crecimiento espiritual personal, es cuando a una persona le desagrada estar sola y especialmente estar sola en silencio. Mucha gente usa la televisión o la música grabada para llenar el silencio de modo que no tengan que experimentarse a ellos mismos como son realmente.

Encararnos a nosotros mismos a solas y en silencio y amarnos porque el Creador nos ha hecho hermosos, son cosas que cada ser humano en desarrollo necesita aprender. Desde ésta posición de fuerza, nadie nos puede abatir y nadie puede llevarnos a hacer o ser nada mas que lo que - sabemos que debemos hacer o ser.

Otro signo que avisa al viajero que su corazón está vacío de los dones del Occidente es cuando una persona no siente respeto por los mayores, o por las actividades espirituales y los esfuerzos de otras personas. Reírse y ridiculizar las cosas espirituales es decir: Siento tal vacío dentro de mi que me debo esconder tras mi juicio hacia los otros y mi risa aparente.

La Mayor Leccion de Occidente

La mayor lección a aprender de los (simbólicos) maestros del Occidente es aceptarnos como somos realmente; ambos seres espirituales y físicos y nunca separarnos de la parte espiritual de nuestra naturaleza.

El Occidente es el lugar del sacrificio. Cuando nos situamos en el Occidente aprendemos que no se puede tomar nada del universo a menos que se devuelva algo. Para cada uno de los dones de La Rueda Medicinal hay un precio. Y sin embargo aprenderemos que el misterio del sacrificio es que no hay sacrificio.

Desde el Occidente podemos ver hacia el Oriente, al lugar de la inocencia y de los primeros comienzos y ahí nos podemos ver parados desnudos frente al universo, vulnerables y pequeños ante las estrellas. Es entonces cuando recibimos el don de la humildad y podemos ver hacia el Sur y allí nos podemos contemplar luchando para disciplinar nuestros cuerpos y para refinar nuestros sentimientos. Vemos el dolor del amor en nuestros ojos y el calor de la convicción en nuestros rostros y nos damos cuenta que estas cosas son buenas pero que sólo son puntos de contacto en un viaje muy largo, y recibimos el don del conocimiento espiritual.

Cuando contemplamos nuestras vidas de manera espiritual, llegamos a entender el por que es la razón por la que fuimos enviados al mundo por el Creador.

Cuando en nuestro viaje simbólico al Occidente recibimos les dones de la oración y la meditación, llegaremos a conocer (aunque nunca completamente) y luego a amar al Creador tan intensamente que el calor de ese amor se convertirá en la flama que devorará cualquier otro amor, tal y como la palomilla es devorada por la flama de la vela a la que no puede resistir. Y así sabremos que de algún modo este amor cumple con uno de los grandes propósitos para los que fuimos creados.

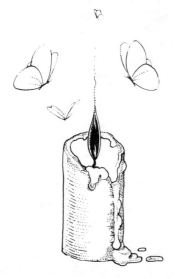

Mientras miramos desde nuestro lugar de observación en el Occidente y nos contemplamos luchando para aprender la disciplina del Sur, nos damos cuenta que el viaje hacia los cuatro puntos cardinales simbólicos para recibir los dones y las lecciones de cada uno de ellos, cumple con otro de los grandes propósitos del creador: que cada ser humano debe luchar (poco a poco, día a día) para desarrollarse a si mismo en su mas completa extensión posible.

Y entonces miramos hacia los horizontes orientales donde se remonta nuestra hermana águila. Ahí la veremos, lista para servir a la gente; lista para hacer lo que pueda para ayudarlos a hacer el viaje de La Rueda Medicinal juntos, de modo que su civilización pueda desarrollarse y florecer. Entonces nos percatamos que lo que ella hace es lo que debemos hacer todos nosotros en nuestro propio camino. Pues tal es la intención del Creador.

Hay muchos otros dones que el viajero debe descubrir en el Occidente, tales como el don del ayuno, el don de la ceremonia, el don del auto conocimiento claro, el don de la visión. Todos son importantes pero el don de la visión es especialmente importante.

La capacidad de ver claramente con nuestro ojo interior en lo que nos convertiremos o en lo que la gente unida se convertirá, si debemos emprender el viaje necesario, es tan esencial al desarrollo humano como lo son la lluvia y la luz del sol para el crecimiento de las plantas. Esto es porque como seres humanos nos desarrollamos y crecemos a través de nuestras propias decisiones. Por lo tanto debemos tener alguna visión, algún ideal o alguna meta hacia donde mirar, o de lo contrario no tendremos manera de saber lo que debemos hacer. También es de vital importancia que nuestra visión sea verdadera. Pues mucha gente cree estar menos lejos de lo que pueden estar y porque no ven otra posibilidad para ellos mismos que sus condiciones presentes sin desarrollar, dejan de luchar y allí mismo abandonan su viaje (simbólico) alrededor de La Rueda Medicinal.

En la jovialidad del Sur el corazón es arrastrado a metas e ideales, pero estos pueden o no pueden ser bunas metas o buenos ideales.

La visión espiritual interna aprendida de los maestros simbólicos del Occidente nos ayuda a juzgar nuestros ideales, metas y acciones frente al entendimiento de lo que es realmente un ser humano y de como progresan los seres.

D. Los Dones del Norte

El Norte es el lugar del invierno de las blancas nieves que nos recuerdan los blancos cabellos de nuestros mayores. Es el lugar del amanecer de la sabiduría verdadera. Aquí habitan los maestros de los dones intelectuales simbolizados por la gran montaña y el lago sagrado. Algunos de los dones especiales que esperan al viajero en el Norte de La Rueda Medicinal, incluyen las siguientes capacidades:

pensar
sintetizar
especular
predecir
discriminar
resolver problemas
imaginar
analizar
entender
calcular
organizar
criticar
recordar
interpretar significados escondidos

Hay mucho que puede hacer el viajero para desarrollar estos dones. El primer paso es darse cuenta que todos los pueden poseer. El modo en que los pueden obtener, sin embargo y aun del modo en que se mostraran, será diferente para cada persona.

De igual manera que el cuerpo de un gran corredor se puede disciplinar hasta haber aprendido una enorme paciencia y una gran velocidad, del mismo modo la mente se puede entrenar hasta que se convierte en un instrumento altamente desarrollado.

Como el guerrero que comienza a entrenarse y que casi se abruma por la sola dificultad de correr grandes distancias o el ir sin alimento por muchos días, los viajeros que desean adquirir los dones del Norte a menudo sentirán (al principio) que la tarea es demasiado grande o que no poseen la capacidad necesaria para aprender.

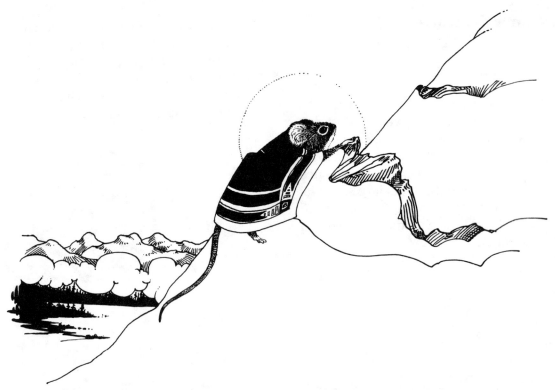

Sin embargo una de las grandes lecciones de La Rueda Medicinal es que los seres humanos pueden adquirir los dones en todos los puntos cardinales simbólicos. Con todo, muchos de los bienes no vienen automáticamente, o aun fácilmente. A menudo se requiere de una decisión junto con un esfuerzo tremendo diario por un largo período. La gran montaña es uno de los grandes maestros (simbólico) del Norte. Mientras mas alto subamos la loma, el camino se vuelve mas escarpado y mientras mas alto vamos más vemos y mas fuertes nos podemos volver.

Tomemos un don, el don de la memoria y consideremos su desarrollo. No nacemos con "memoria escasa". Nacemos con la capacidad de aprender cuatro o cinco lenguas a un mismo tiempo y somos capaces de repetir exactamente lo que hemos visto u oído aun si es muy complicado. Una prueba de esto es que a la edad de tres o cuatro años, conoces casi el lenguaje completo que se habla en tu comunidad. De haber nacido en China hablarías chino con la misma facilidad con la que ahora hablas tu propia lengua. Pero por muchos años, has, por alguna razón, dejado de usar esa tremenda capacidad para recordar cosas que te fueron dadas por el Creador.

Si no te hubieras detenido serías capaz a voluntad, de repetir de nuevo los detalles de casi todo lo que has oído, leído o pensado en la escuela o en tu vida. Es posible aprender como hacer esto. Es posible a través de entrenamiento especial, desarrollar una memoria tan aguda, que serías considerado un genio donde fueras. Es posible, por ejemplo, mirar 3 o 5 objetos en una mesa en un cuarto y luego horas o días más tarde ser capaz de repetir exactamente el nombre y la ubicación de cada objeto.

Esta y muchas otras capacidades de la mente son el derecho de nacimiento de cada ser humano. Solo tenemos que viajar (simbólicamente) hacia el Norte y ahí luchar. Pues nada se gana sin un precio.

Complemento

Al Norte se le puede ver también como el punto del complemento y el logro. Aquí el viajero aprende las lecciones de todas las cosas que terminan.

Aquí los poderes de la volición alcanzan su cenit mientras aprendemos a completar lo que comenzó como una visión lejana. La capacidad para terminar lo que empezamos es de importancia tremenda para nuestro bienestar. Esta es la lección final en el desarrollo de los poderes de la volición (la voluntad).

Hemos aprendido de los maestros que habitan en el Occidente, que mientras mas cerca estamos de la terminación de una meta, mas difícil se torna el viaje. Para ayudarnos en la lucha de nuestra vida el Creador nos ha dado el don de la perseverancia. Pero aun la perseverancia vacila al fin sin la certidumbre (el conocimiento seguro) que la meta está cerca y se puede ganar verdaderamente.

Separación

El acceso al conocimiento y a la sabiduría que se requieren para juzgar si el tiempo de la terminación esta verdaderamente a la mano, o no, se gana a través de la puerta de la separación. El don de la separación otorga al viajero la habilidad de ver el pasado, el presente y el futuro como uno.

La separación significa libertad de odios, celos, deseo, ira y miedo. Significa completamente dejar ir todas las cosas, aún lo que mas amamos. Significa ser capaz de poner detrás nuestro todo el conocimiento adquirido en nuestros viajes, pues aún el mismo conocimiento puede ser una carga demasiado pesada para llegar a la cima de la gran montaña y a las playas del lago sagrado.

El dejar ir algo (como el conocimiento o el amor o el odio) no es tirarlo. Es salirse de sus sombras de modo que las cosas puedan verse de manera diferente.

Es difícil pero extremadamente importante aprender a hacerse a un lado de las cosas que creemos que son verdad, o de nuestros temores, nuestros miedos, nuestros celos, nuestros odios o aún de nuestro amor hacia alguien. Todo esto puede controlarnos y nos impide pensar claramente.

El miedo, la ira, los celos y el odio pueden obscurecer completamente la inteligencia de una persona. Un maestro sabio dice que se debe evitar esto como a una víbora venenosa. El amor también puede impedir que una persona vea claramente si no esta equilibrada por la razón.

Con el objeto de adquirir este arte de apartarnos de nuestros sentimientos y pensamientos fuertes, debemos aprender a vernos desde el centro de La Rueda Medicinal. Desde ese centro, seremos capaces de ver como embonamos con todo lo demás. Experimentaremos ser como una pequeña pero infinita parte sagrada de un proceso enorme.

Cuando habitamos en ese punto de equilibrio central, no podemos ser controlados por nuestros pensamientos o sentimientos fuertes. Desde este centro sagrado, cualquier acción que tomemos será porque decidimos actuar y porque era bueno hacerlo.

Cuando nos podamos ver de este modo a nosotros mismos, habremos aprendido la primera lección de separación; que no somos nuestros cuerpos, ni nuestros pensamientos, ni nuestros sentimientos, ni nuestros discernimiento. Somos algo mas, mucho mas profundo y mas ancho. Somos el ser que tiene pensamientos, tiene percepciones. Somos el ser que siente y sabe. Podemos contemplar nuestros sentimientos, nuestros pensamientos, nuestras percepciones y conocerlas como reflejos en el espejo del lago sagrado.

El principio de la separación se aprende en los juegos del amor. El fin de la separación se aprende en los momentos de quietud en las playas silenciosas del lago sagrado y no se puede externar.

El Don Final

Es posible que el viajero este tan enamorado de los dones de cualquiera de los puntos cardinales que pueda olvidar el viaje y esté tentado en habitar por siempre con los maestros que de este modo han capturado su corazón.

Por ejemplo una persona puede llegar a creer que habiendo recibido 1os grandes dones intelectuales del Norte, ya no necesita mayor aprendizaje. Hay gran peligro para la viajera, si atenta habitar para siempre en alguno de los puntos cardinales. Pues el lugar de habitar es el centro del universo, y es al centro al que siempre debemos regresar pues es nuestro verdadero hogar. Si una persona abandona el viaje porque siente que ha encontrado todo le que necesita en los dones de uno de los puntos cardinales, le puede llegar un gran daño, pues se habrá cerrado a una gran porción de su propio ser verdadero, tanto como se habrá creado un desequilibrio que puede dañarla seriamente.

Una persona que habitará por siempre en el Norte, cerrándose a los dones de los otros puntos cardinales, quedara presa de una frialdad helada como la del invierno, pues se habrá cortado de la tibieza de su propio corazón.

Verdaderamente cada uno de los dones de cada uno de los puntos cardinales está equilibrado por la humildad del sauce y la prudencia de la tortuga. El idealismo del Sur está equilibrado por la sabiduría y claridad de pensamiento aprendida en el Norte.

73

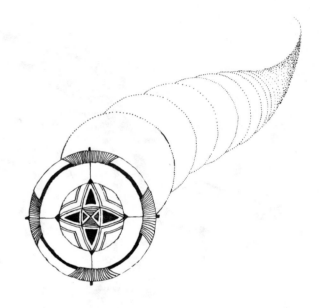

La lección final del Norte es una lección de equilibrio, pues la sabiduría nos enseña cómo todas las cosas embonan. Y el equilibrio cuando se aplica a las interconexiones de todos los seres humanos, se vuelve justicia. Y la justicia es el mayor don del Norte. Con su ayuda, el viajero puede ver todas las cosas como son realmente. Sin él no puede haber paz o seguridad en los asuntos del mundo.

Cuando nos paramos en el Norte, podemos ver hacia el Sur y vernos cantando canciones tiernas de amor y nos damos cuenta que saber y conocer no es solo cosa de la cabeza, sino también del corazón. Podemos mirar hacia el Este y ahí ver el gozo hermoso de nuestra pequeña hermana ratón mientras contempla el horizonte occidental, hacia el lugar de las cosas desconocidas, y su habilidad maravillosa de creer aunque no pueda ver. Entonces nos damos cuenta que hay mas que saber que todo el conocimiento que todos los mas sabios mayores hayan conocido y nos rendimos.

El misterio de todas las terminaciones se encuentra en el nacimiento de nuevos comienzos. No hay final en el viaje de los cuatro puntos cardinales. La capacidad humana para desarrollarse es infinita. La Rueda Medicinal gira por siempre.

CARTA SUMARIA
Los Dones de los Cuatro Puntos Cardinales

Oriente

- luz
- comienzos
- renovación
- inocencia
- franqueza
- espontaneidad
- gozo
- capacidad de creer
- calidad de espíritu
- pureza
- confianza
- esperanza
- aceptación sin crítica
  de otros
- amor que no
  cuestione a otros
  y que no se conoce
  a si mismo
- valor
- veracidad
- nacimiento
- renacimiento
- niñez
- iluminación
- guía
- hablar hermoso
- vulnerabilidad
- habilidad para ver con
  claridad en situaciones
  complejas
- vigilar a otros
- dirigir a otros

- ver situaciones en
  en lo no visto en
  perspectiva
- esperanza para la gente
- confianza en tu
  propia visión
- habilidad para enfocar
  la atención en las
  tareas presentes
- concentración
- devoción al servicio
  de otros

Sur

- juventud
- plenitud
- verano
- el corazón
- generosidad
- sensibilidad a
  los sentimientos
  de otros
- lealtad
- pasiones nobles
- amor (de una
  persona por otra)
- la lealtad
- desarrollo
  equilibrado del
  cuerpo físico
- disciplina física
- control de los apetitos
- determinación
- fijación de metas
- entrenamiento de
  los sentidos tales
  como la vista, el
  oído y el gusto
- desarrollo musical
- gracia
- apreciación de las artes
- discriminación en
  la vista, el oído y
  el gusto
- apasionamiento por
  el mundo
- idealismo

- atracción emocional
  al bien y repulsión
  al mal
- compasión
- bondad
- ira ante la injusticia
- repulsión por la
  violencia sin sentido
- los sentimientos
  refinados,
  desarrollados y
  controlados
- habilidad para expresar
  heridas y otros malos
  sentimientos
- habilidad para expresar
  el gozo y otros buenos
  sentimientos
- habilidad para apartar
  sentimientos fuertes
  con el objeto de servir
  a otros

Occidente

- oscuridad
- lo desconocido
- el ir hacia dentro
- sueños
- pensamientos profundos
  internos
- prueba de la voluntad
- perseverancia
- adherirse a lo parejo
- consolidación del poder
  personal
- manejo del poder
- percepción espiritual
- oración diaria
- meditación
- ayuno
- reflexión
- contemplación
- silencio
- estar a solas con uno
  mismo
- respeto a los mayores
- respeto por la lucha
  espiritual de otros
- respeto por las
  creencias de otros
- conciencia de nuestra
  naturaleza espiritual
- sacrificio
- humildad
- amor por el creador
- compromiso en él
  sendero del desarrollo
  personal

- compromiso con
  los valores universales
  de un alto código moral
- compromiso con la lucha
  para ayudar en el
  desarrollo de la gente
- ceremonia
- auto conocimiento claro
- visión (un sentido de
  posibilidades y
  potencialidades)

Norte

- antepasados
- sabiduría
- pensamiento
- análisis
- entendimiento
- especulación
- calculo
- predicción
- organización
- categorización
- discriminación
- crítica
- resolución de problemas
- imaginación
- interpretación
- integración de todas
  las capacidades
  intelectuales
- terminación
- complemento
- lecciones de cosas
  que terminar
- capacidad para
  terminar lo empezado
- desprendimiento
- libertad del miedo
- libertad del odio
- libertad del amor
- libertad del
  conocimiento
- ver como embonan las
  cosas
- percepción interior

- intuición hecha
  conciente
- sentido de como vivir
  una vida equilibrada
- capacidad de
  habitar en el centro de
  las cosas, ver y tomar
  el camino de las cosas
- la capacidad de
  completar lo que
  empezamos
- moderación
- justicia

VI. CÓDIGO DE ÉTICA

Además de las enseñanzas sagradas sobre la naturaleza de las cosas y de los dones de los cuatro puntos cardinales, las enseñanzas del *Árbol Sagrado* incluyen un código de ética al que todos deben ajustar su vida si desean encontrar felicidad y bienestar. Este código describe lo que la sabiduría significa en la relación entre individuos, en la vida de familia y en la vida de la comunidad. Estas son las gemas refulgentes de la experiencia practicadas por los Nativos en todas partes.

Representan el sendero de una guía segura alrededor de La Rueda Medicinal y al subir la gran montaña hasta el lago sagrado. Lo que sigue es un sumario de algunas de las enseñanzas mas importantes de estas enseñanzas que son universales para todas las tribus.

1.

Cada mañana al despertar y cada noche antes de dormir, da gracias por la vida dentro de ti y por toda la vida, por las cosas buenas que el Creador te ha dado a ti y a otros y por la oportunidad para crecer un poco más cada día. Reflexiona sobre tus pensamientos y acciones del día anterior y halla el valor y la fuerza para ser una persona mejor. Encuentra qué cosas beneficiarán a todos.

2.

Respeto. El respeto significa "sentir o mostrar honor o estimación por alguien o algo; considerar el bienestar, o tratar a alguien o a algo con deferencia y cortesía". Mostrar respeto es una ley básica de la vida.

Tratar a cada persona, desde la mas pequeña criatura hasta el ancestro mas anciano con respeto en todo momento.

Se debe dar respeto a los ancianos, padres, maestros y guías de la comunidad.

A ninguna persona se le debe hacer sentir disminuida por ti; evitar herir los sentimientos de los demás como evitarías un veneno mortal.

No toques nada que pertenezca a otros (especialmente los objetos sagrados) sin permiso, o sin haberse entendido entre ustedes con anticipación.

Respeta la privacidad de cada persona. Nunca te entrometas en los momentos de quietud de una persona o en su espacio personal.

Nunca camines entre la gente que esté conversando.

Habla en voz suave, especialmente cuando estés en la presencia de los mayores, de extraños u otros a quienes se les deba respeto en especial.

No hables a menos de que se te invite a hacerlo en reuniones donde tus mayores estén presentes (a excepción cuando sea para preguntar qué se espera de ti o que tengas alguna duda).

Nunca hables de otros de manera negativa, ya sea que estén presentes o no.

Trata a la tierra y a todos sus aspectos como tu madre. Muestra profundo respeto por el mundo mineral, el mundo de las plantas y el mundo de los animales. No hagas nada que contamine el aire o la tierra. Si otros destruyen a nuestra madre, levántate con sabiduría para defenderla.

Muestra profundo respeto por las creencias y las religiones de otros.

Escucha con cortesía lo que otros dicen, aun si sientes que lo que están diciendo no vale nada. Escucha con tu corazón.

3.

Respeta la sabiduría de la gente en consejo. Una vez que des una idea o un consejo en una reunión, ya no te pertenece. Pertenece a la gente. Respeta las solicitudes que escuches atentamente de las ideas de los otros en consejo y no insistas que tu idea prevalezca. Ciertamente debes apoyar libremente las ideas de los demás si son buenas y verdaderas, aunque esas ideas sean diferentes de las que tu diste. El enfrentamiento de ideas trae la chispa de la verdad.

Una vez que el consejo ha decidido algo en conjunto, respeta la solicitud de que nadie hable secretamente contra lo que se ha decidido. Si el consejo ha hecho un error, ese error se revelara a cada quien en su momento.

4.

Sé veraz siempre y bajo cualquier condición.

5.

Siempre trata a tus huéspedes con honor y consideración. Dales tu mejor comida, tus mejores cobertores y la parte mejor de tu casa, dales el mejor servicio a tus huéspedes.

6.

La herida de uno es la herida de todos, el honor de uno es el honor de todos.

7.

Recibe a los extraños y a los que vienen de fuera con un corazón amante y como miembro de la familia humana.

8.

Todas las razas y tribus del mundo son como las flores de distintos colores de un prado. Todas son bellas. Como las niños del Creador deben ser todas respetadas.

9.

Servir a otros, ser de alguna utilidad a la familia, a la comunidad, a la nación o al mundo es uno de los principales propósitos para el que los seres humanos han sido creados. No te llenes con tus propios asuntos y olvides tu tarea principal. La verdadera felicidad viene solamente a aquellos que dedican sus vidas al servicio de los demás.

10.

Observa moderación y equilibrio en todo.

11.

Conoce las cosas que te conducen a tu bienestar y las que te llevan a la destrucción.

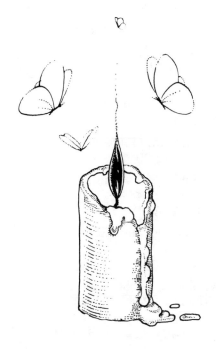

12.

Escucha y sigue la guía dada a tu corazón. Espera que la guía venga a tí en muchas formas, en la oración, en los sueños, en tiempos de callada soledad y en las palabras y hechos de los ancianos y de los amigos.

Conclusión

El ganar el entendimiento del *Árbol Sagrado* es un viaje eterno. Como en todos los viajes, debe haber tiempo para la actividad tanto como para el descanso.

Es nuestra oración profunda que el Gran Espíritu te bendiga y guíe a una visión mayor de la belleza, la verdad, el amor, la sabiduría y la justicia y que te unas a nosotros de nuevo en búsqueda de un mayor entendimiento del *Árbol Sagrado*.

Continuará...

Materials available from the Four Worlds International Institute for Human and Community Development

Resource Materials Being Used in Indigenous Community Development

Taking Time to Listen: Using Community-Based Research to Build Programs
ISBN #1-896905-15-3 - $20.00

Developing Healthy Communities: Fundamental Strategies for Health Promotion
ISBN #1-896905-44-7 - $14.00

Elder Health Manual - A Practical manual for promoting the health of Aboriginal Elders
ISBN #0-919555-96-9 - $8.00

Support Material For Educators Working With Indigenous Peoples

Recreating Native Education: A Case Study in Program Evaluation and Design
ISBN #1-896905-03-X - $16.00

Effective School Based Prevention Programs: The Handbook
ISBN #1-896905-01-3 - $16.00

Culture: The Ultimate Curriculum
ISBN #1-896905-11-0 - $16.00

Educational Materials for Schools, Churches, Youth Groups and Service Organizations

The Sacred Tree Curriculum Guide
ISBN #1-896905-32-3 - $48.00

The Sacred Tree Active Journey Workshop
ISBN #1-896905-26-9 - $32.50

Walking With Grandfather Curriculum Package
ISBN #1-896905-04-08 - $54.95

Unity in Diversity Curriculum Guide
ISBN #1-896905-36-6 - $65.00

Images of Indians Curriculum Guide
ISBN #1-896905-29-3 - $52.00

Learning For Life: A Social Skills Training Program for Young Adolescents
ISBN #1-896905-42-0 - $18.00

Four Worlds Community Education Series - series of 9 booklets
ISBN 1-896905-24-2 - $45.00

Moving Towards Wholeness: A Substance Abuse Manual for Educators Working With Native Students
ISBN #1-896905-40-4 - $64.00

TO VIEW OUR RESOURCE CATALOGUE AND FOR MORE INFORMATION ON FOUR WORLDS, PLEASE VISIT OUR WORLD WIDE WEB SITE AT:
http://www.4worlds.org

TO PLACE YOUR ORDER, PLEASE WRITE OR FAX TO:
Four Worlds International Institute for Human and Community Development
347 Fairmont Boulevard S., Lethbridge, Alberta, Canada T1K 7J8
Tel. 403-320-7144   Fax: 403-329-8383
E-Mail: 4worlds@uleth.ca   Web: www.4worlds.org

Nature's Weeds, Native Medicine
Native American Herbal Secrets

Dr. Marie Miczak

168 pp pb $10.95   ISBN 0-914955-48-9

Nature's Weeds, Native Medicine offers a unique insight to the secret healing herbs used by the first inhabitants of North America. More than Native American herbology, these time honored remedies represent the heritage of all Americans as it was previously known as frontier medicine. Discover for yourself what the ancient tribes of the United States used for health, nutrition & healing.

Dr. Marie Miczak is a certified nutritional consultant and member of the American College of Clinical Pharmacology.

The Sacred Tree

Bopp, Lane, et al

87 pp os $10.95   ISBN 0-941524-58-2

The Sacred Tree was created by the Four Worlds Development Project, a native American inter-tribal group, as a handbook of Native Spirituality for indigenous peoples all over the Americas and the world. Through the guidance of the tribal elders, native values and traditions are being

taught as the primary key to unlocking the force that will move native peoples on the path of their own development. The elders have prophesied that by returning to traditional values, native societies can be transformed. This transformation would then have a healing effect on our entire planet.

This handbook is being used by the Four Worlds Development Project to eliminate widespread drug and alcohol abuse in tribal communities. It is now being shared for the first time with all members of the human family desiring personal growth.

The Sun Horse
Native Visions of the New World

Collected & Retold by Gerald Hausman

142 pp os $14.95   ISBN 0-914955-08-X

The Sun Horse represents a circle, moving geophysically and mythologically from salt water - the cosmic and microcosmic elemental birthplace - to desert sand, the reposing place of earth matter, or materiality. The visions that make up this volume are taken from experiences, past and present, of Native American storytellers. The speakers come from many tribes: Pascagoula, Arawak, Iroquois, Arapaho, Kiowa, Rio Grande Pueblo, Kwakiutl, Cherokee and Navajo. Gerald Hausman has created this poetic and visionary

anthology from years of dedicated research and dialogue with Native American people.

El Árbol Sagrado

Traducida al Español por
María delCarmen Funcia Galindo y Villa

88 pp os $12.95   ISBN 0-940985-54-3

El Árbol Sagrado fue creado por el Proyecto de Desarrollo de Four Worlds, un grupo nativo Americano Inter-tribal, como un manual de Espiritualidad Nativa para la gente indígena para toda América y el mundo. A través de la guía de los

ancianos de las tribus, los valores Nativos y las tradiciones están siendo enseñadas como la clave principal para desatar la fuerza que moverá a los Indígenas en el sendero de su propio desarrollo. Los ancianos han profetizado que al retornar a los valores tradicionales, las sociedades nativas pueden transformarse.

Esta transformación tendrá entonces un efecto sanador en el planeta entero.

Xultun(Mayan) Tarot Deck

Peter Balin

78 cards per box $15.95   ISBN 0-910261-00-8

A Tarot deck based on the imagery of the ancient Maya with card titles in five languages - English, French, German, Italian and Spanish. Full color 78 card Tarot deck with easy to use instruction booklet. 22 Major Arcana cards and 56 minor Arcana cards.

The Flight of Feathered Serpent

Peter Balin

184 pp os $15.95   ISBN 0-910261-01-6

Guide to the *Xultun (Mayan) Tarot Deck*. Peter Balin, the painter of the *Xultun Tarot Deck*, has written a book about the tarot and the Maya Indians' view of the world. This is a very relevant book that deals with the problems of our times. Although the approach is new and deals with American knowledge, it will serve all Tarot decks regardless of their origin. The reader

journeys with the Fool towards the impeccability of the sorcerer, with each step along the way clearly defined. The graphics alone are so spellbinding that even if you are not interested in the Mayas or the tarot, there is something in this book for you.

Date:_____

I would like to order:

____Copies of **El Árbol Sagrado** $12.95 $_____

____Copies of **The Flight of Feathered Serpent** $15.95 $_____

____Copies of **Nature's Weeds, Native Medicine** $10.95 $_____

____Copies of **The Sacred Tree** $10.95 $_____

____Copies of **The Sun Horse** $14.95 $_____

____Copies of **Xultun (Mayan) Tarot Deck** $15.95 $_____

Sub Total $_____

+ Shipping * $_____

WI residents add 5.5% sales tax $_____

Total enclosed $_____

Send my order to:

Name: _____

Address: _____

City, state, zip: _____

Phone: _____

Signature: _____

*Shipping in USA:

$2.50 first book
.75/each add'l book

Note:
Wholesale dealer inquiries welcome.

☐ Check
☐ Money order
☐ CC (Visa, MC, AmEx, Discover)

CC #:_____

Exp. date: _____

LOTUS PRESS, PO Box 325, Twin Lakes, WI 53181 • Phone 262.889.8561 • Fax 262.889.2461 • Toll free order line 800.824.6396
Website: www.lotuspress.com   e-mail: lotuspress@lotuspress.com